원어해설
주기도문 강해

김상수 목사의 다른 책들:
솔로몬의 노래(2022)
모세오경이야기1(2022)
모세오경이야기2(2022)
가나안정복이야기(2023)
요한이야기(2023)
사무엘이야기(2024)

원어해설
주기도문 강해

김상수 목사 지음

문서사역
종려가지

서문

하나님께서는 예수 그리스도의 몸 된 교회 위에 공적 은혜의 방편을 주셨습니다.

말씀을 따라 살게 하시려고 말씀의 은혜를 주셨습니다.

세례를 베푸심으로 칭의의 은총 가운데 살게 하십니다.

성찬식의 거행으로 성화의 은총 가운데 살게 하십니다.

권징으로 바른 교리와 바른 예배와 바른 교회법을 따라 살게 하십니다.

기도의 은총으로 삼위일체 하나님과 예수 그리스도와의 거룩한 사귐과 거룩한 다스림에 참여하게 하십니다.

기도는 하나님께서 베푸시는 은총을 누리게 하는 은혜의 도구입니다. 기도 없이는 하나님께서 베풀어 주시는 공적 은혜를 누릴 수 없습니다.

많은 기도의 책들과 방법들이 있습니다. 그 중에 가장 상위질서는 주님께서 가르쳐주신 주기도문입니다. 주기도문으로 삼위일체 하나님과 예수 그리스도와의 거룩한 사귐과 거룩한 다스림에 날마다 참여되며 삼위일체 하나님과 예수 그리스도를 날마다 알아가며 날마다 닮아가는 우리 모두가 되기를 소원합니다.

2024년 7월 20일

주명교회 담임 김 상 수 목사

| 이 책의 주요 내용 |

1. 주기도문의 서론과 첫 번째 송영

2. 삼위일체 신론과 기독론

3. 삼위일체 신론

4. 기독론

5. 성부 하나님

6. 성자 하나님

7. 성령 하나님

8. 첫 번째 간구
   1) 하나님의 성호
   2) 하나님의 속성
   3) 하나님의 사역
   4) 하나님의 말씀

9. 두 번째 간구
   1) 하나님의 나라
   2) 하나님 나라의 기업
   3) 하나님 나라의 신령한 영적 재산

10. 세 번째 간구
    1) 절대적인 뜻
    2) 구속사적인 뜻
    3) 영원하신 뜻

11. 네 번째 간구

12. 다섯 번째 간구

13. 여섯 번째 간구

14. 두 번째 송영, 마지막 송영

차례

- 004 　 서문
- 011 　 주기도문 강해 1
- 047 　 주기도문 강해 2
- 065 　 주기도문 강해 3
- 079 　 주기도문 강해 4
- 089 　 주기도문 강해 5
- 095 　 주기도문 강해 6
- 101 　 주기도문 강해 7
- 107 　 주기도문 강해 8

주기도문 강해 1

성경 본문: 마태복음 6장 9~13절

"그러므로 너희는 이렇게 기도하라 하늘에 계신 우리 아버지여 이름이 거룩히 여김을 받으시오며"
(마 6:9)

"나라가 임하시오며 뜻이 하늘에서 이루어진 것 같이 땅에서도 이루어지이다" (마 6:10)

"오늘 우리에게 일용할 양식을 주시옵고" (마 6:11)

"우리가 우리에게 죄 지은 자를 사하여 준 것 같이 우리 죄를 사하여 주시옵고" (마 6:12)

"우리를 시험에 들게 하지 마시옵고 다만 악에서 구하시옵소서

(나라와 권세와 영광이 아버지께 영원히 있사옵나이다 아멘)" (마 6:13) (개역개정판)

"그러므로 너희는 이같이 기도하라. 그 하늘들 안에 우리 아버지여 당신의 그 이름은 거룩하시옵소서." (마6: 9)

"당신의 그 나라는 임하시옵소서 당신의 그 뜻이 하늘 안에서처럼 또한 그 땅 위에서도 이루어지옵소서." (마 6:10)

"당신께서는 그 알맞은(날마다) 우리의 그 양식을 오늘 우리에게 주옵소서." (마 6:11)

"그리고 당신께서는 우리에게 그 빚진 자들을 우

리가 용서한 것처럼 우리의 그 빚짐 들을 용서해 주옵소서." (마 6:12)
"그리고 당신께서는 우리를 시험 안으로 끌리게 하지 마옵시고 오직 당신께서는 우리를 그 악에서 건져내시옵소서.
(그 까닭은 그 나라와 그 권세와 그 영광이 영원토록 당신의 것입니다 아멘)." (마 6:13) (원문직역)

기도는 하나님과의 거룩한 사귐입니다.

기도에 대한 많은 책들이 있고 많은 가르침이 있지만 주기도문보다 더 신령한 가르침은 없습니다.
주기도문은 2개의 송영과 기도하는 사람의 위치와 기도의 대상과 6개의 기도 내용으로 기록되어 있습니다.

첫 번째 송영은 하나님의 속성에 대한 송영의 말씀입니다.

"그러므로 너희는 이렇게 기도하라 하늘에 계신"
(마 6:9상)
"그러므로 너희는 이렇게 기도하라. 그 하늘들 안에" (원문직역)

"하늘에 계신" 하나님은 무한하시고 광대하시고 숭고하시고 엄위로우시고 전능하신 분입니다.

기도하는 사람의 위치는 "우리" (마 6:9중) 우리" (원문직역)
하나님 나라의 시민과 하나님 나라의 핵심인 예수 그리스도의 몸 된 교회의 지체된 성도의 위치이며 하나님을 아바 아버지로 부르는 하나님의 자녀의 위치에 있는 사람입니다.

기도의 대상은 "아버지여" (마 6:9중) "아버지여" (원문직역) 하나님입니다.

첫째 말씀은 하나님 이름을 삶의 모든 영역에서 구별해서 높이는 간구의 말씀입니다.

"우리 아버지여 이름이 거룩히 여김을 받으시오며" (마 6:9하)
"당신의 그 이름은 거룩하시옵소서" (원문직역)

둘째 말씀은 하나님 나라가 이루어지기를 원하는 간구의 말씀입니다.

"나라가 임하시오며" (마 6:10상)
"당신의 그 나라가 임하시옵소서" (원문직역)

셋째 말씀은 하나님의 뜻이 이루어지기를 원하는 간구의 말씀입니다.

"뜻이 하늘에서 이루어진 것 같이 땅에서도 이루어지이다" (마 6:10하)
"당신의 그 뜻이 하늘 안에서처럼 또한 그 땅 위에서도 이루어지옵소서. (원문직역)

넷째 말씀은 일용할 양식을 구하는 간구의 말씀입니다.

"오늘 우리에게 일용할 양식을 주시옵고" (마 6:11)
"당신께서는 그 알맞은(날마다) 우리의 그 양식을 오늘 우리에게 주옵소서" (원문직역)

다섯째 말씀은 죄 사함에 대한 간구의 말씀입니다.

"우리가 우리에게 죄 지은 자를 사하여 준 것 같이 우리 죄를 사하여 주시옵고" (마 6:12)
"그리고 당신께서는 우리에게 그 빚진 자들을 우리가 용서한 것처럼 우리의 그 빚짐 들을 용서해 주옵소서" (원문직역)

여섯째 말씀은 시험에 들지 말게 하시고 악에서 구해 주옵소서 라는 간구의 말씀입니다.

"우리를 시험에 들게 하지 마시옵고 다만 악에서 구하시옵소서" (마 6:13상)
"그리고 당신께서는 우리를 시험 안으로 끌리게 하지 마옵시고 오직 당신께서는 우리를 그 악에서 건져내시옵소서" (원문직역)

두 번째 송영이자 마지막 송영은 하나님의 속성에 대해 영광을 돌리는 간구의 말씀입니다.

"나라와 권세와 영광이 아버지께 영원히 있사옵나이다 아멘" (마 6:13하)
"그 까닭은 그 나라와 그 권세와 그 영광이 영원토록 당신의 것입니다 아멘" (원문직역)

기도의 대상인 "아버지"는 성부 하나님이며 포괄적으로는 삼위일체 하나님입니다.

"아버지가 주님이시며 아드님이 주님이시며 성령님

이 주님이십니다. 셋으로서 주님이 아니라 하나로서 주님이십니다" (아타나시우스신경 중에서)

※ 삼위일체 신론과 기독론
- 삼위일체 신론과 기독론은 주기도문을 이해하는데 중요한 터가 됩니다.
- 삼위일체 신론과 기독론은 예배의 용어요 찬양의 용어요 기도의 용어이기 때문입니다.
- 하나님의 형상대로 창조함을 받은 모든 사람들은 하나님에 대한 두 가지 지식을 알아야 합니다.

첫째, 천지를 창조하신 창조주 하나님이신 삼위일체 하나님에 대한 지식입니다. (창 1장~2장)
창조주 하나님이신 삼위일체 하나님께서는 창세기 1장에서 시간의 질서와 공간의 질서와 땅의 질서를 세우시고 하나님의 형상대로 사람을 창조하시고 생육하고 번성하고 땅에 충만하고 땅을 정복하고 땅을 다스리는 청지기의 질서를 세우셨습니다.

"하나님이 자기 형상 곧 하나님의 형상대로 사람을 창조하시되 남자와 여자를 창조하시고 하나님이 그들에게 복을 주시며 하나님이 그들에게 이르시되 생육하고 번성하여 땅에 충만하라, 땅을 정복하라, 바다의 물고기와 하늘의 새와 땅에 움직이는 모든 생물을 다스리라 하시니라" (창 1:27~28)

창세기 2장에서는 성도의 안식일인 주일의 질서를 세우셨습니다.

"하나님이 그가 하시던 일을 일곱째 날에 마치시니 그가 하시던 모든 일을 그치고 일곱째 날에 안식하시니라" (창 2:2)
"하나님이 그 일곱째 날을 복되게 하사 거룩하게 하셨으니 이는 하나님이 그 창조하시며 만드시던 모든 일을 마치시고 그 날에 안식하셨음이니라" (창 2:3)

사람을 흙으로 지으시고 코에 생기를 불어넣으셔서 영혼과 육체가 살아 있는 생명의 질서를 세우셨습니다.

"여호와 하나님이 땅의 흙으로 사람을 지으시고 생기를 그 코에 불어넣으시니 사람이 생령이 되니라" (창 2:7)

은혜의 왕국과 하나님 나라와 예수 그리스도의 몸 된 교회를 표상하는 에덴동산을 창설하셨습니다.

"여호와 하나님이 동방의 에덴에 동산을 창설하시고 그 지으신 사람을 거기 두시니라" (창 2:8)

영생의 질서를 세우셨습니다.

"여호와 하나님이 그 땅에서 보기에 아름답고 먹기에 좋은 나무가 나게 하시니 동산 가운데에는 생명나무와" (창 2:9상)

순종의 질서를 세우셨습니다.

"선악을 알게 하는 나무도 있더라" (창 2:9하)

은혜의 질서를 세우셨습니다.

"강이 에덴에서 흘러나와 동산을 적시고 거기서부터 갈라져 네 근원이 되었으니" (창 2:10)

사랑의 질서를 세우셨습니다.

"아담이 모든 가축과 공중의 새와 들의 모든 짐승에게 이름을 주니라 아담이 돕는 배필이 없으므로 여호와 하나님이 아담을 깊이 잠들게 하시니 잠들매 그가 그 갈빗대 하나를 취하고 살로 대신 채우시고 여호와 하나님이 아담에게서 취하신 그 갈빗대로 여자를 만드시고 그를 아담에게로 이끌어 오시니 아담이 이르되 이는 내 뼈 중의 뼈요 살 중의

살이라 이것을 남자에게서 취하였은즉 여자라 부르리라 하니라" (창 2:20~23)

창조주 하나님이신 삼위일체 하나님께서는 시간의 질서와 공간의 질서와 땅의 질서와 청지기의 질서와 주일의 질서와 생명의 질서와 영생의 질서와 순종의 질서와 은혜의 질서와 사랑의 질서를 세우셨습니다.

둘째, 구속주 하나님이시며 심판주 하나님이신 성자 하나님 예수 그리스도에 대한 지식입니다.
창세기 3장에서 구속주 하나님이신 예수 그리스도께서는 첫 사람 아담의 불순종으로 죄와 사망의 권세 아래 신음하는 사람들을 위하여 구속의 질서를 세우셨습니다.

"내가 너로 여자와 원수가 되게 하고 네 후손도 여자의 후손과 원수가 되게 하리니 여자의 후손은 네 머리를 상하게 할 것이요 너는 그의 발꿈치를 상하게 할 것이니라 하시고" (창 3:15)

"그러므로 주께서 친히 징조를 너희에게 주실 것이라 보라 처녀가 잉태하여 아들을 낳을 것이요 그 이름을 임마누엘이라 하리라" (사 7:14)

"보라 처녀가 잉태하여 아들을 낳을 것이요 그의 이름은 임마누엘이라 하리라 하셨으니 이를 번역한즉 하나님이 우리와 함께 계시다 함이라" (마 1:23)

"하나님이 세상을 이처럼 사랑하사 독생자를 주셨으니 이는 그를 믿는 자마다 멸망하지 않고 영생을 얻게 하려 하심이라 하나님이 그 아들을 세상에 보내신 것은 세상을 심판하려 하심이 아니요 그로 말미암아 세상이 구원을 받게 하려 하심이라 그를 믿는 자는 심판을 받지 아니하는 것이요 믿지 아니하는 자는 하나님의 독생자의 이름을 믿지 아니하므로 벌써 심판을 받은 것이니라" (요 3:16~18)

구속주 하나님이시며 심판주 하나님이신 성자 하나님이신 예수 그리스도께서는 아담의 후손인 모든 사람이 예수 그리스도의 십자가 대속 사역으로만 구원 받는 다는 구속의 질서를 세우셨습니다.

창조주 하나님이신 삼위일체 하나님과 구속주 하나님이시며 심판주 하나님이신 예수 그리스도에 대한 전인적인 지식과 관계적 지식을 알아야 예수님께서 가르치시는 주기도문을 성실하게 이해할 수 있습니다.

"영생은 곧 유일하신 참 하나님과 그가 보내신 자 예수 그리스도를 아는 것이니이다" (요 17:3)

※ 삼위일체 신론

삼위일체 하나님과 예수 그리스도를 아는 지식은 신앙과 신학과 경건의 출발이자 마침표입니다.
삼위일체 하나님은 모든 속성을 하나로 가지고 계신 단일하신 거룩하신 분입니다.

첫째, 일체성을 가지고 계십니다.

1) 하나의 본체 안에 하나의 본질 안에 동일 본질인 동일 속성과 삼위로 존재하시는 분입니다.
2) 아버지의 신성과 아드님의 신성과 성령님의 신성은 하나입니다. 그 신성의 영광은 동등하시고 그 신성의 엄위로우심은 함께 영원하십니다.
3) 아버지가 무한하시고 아드님이 무한하시고 성령님이 무한하십니다. 셋으로서 무한하신 것이 아니시고 하나로서 무한하십니다.
4) 아버지가 영원하시고 아드님이 영원하시고 성령님이 영원하십니다. 셋으로서 영원하신 것이 아니고 하나로서 영원하십니다.
5) 아버지가 전능하시고 아드님이 전능하시고 성령님이 전능하십니다. 셋으로서 전능하신 것이 아니라 하나로서 전능하십니다.
6) 아버지가 주님이시고 아드님이 주님이시고 성령님이 주님이십니다. 셋으로서 주님이 아니시고 하나로서 주님이십니다.

둘째, 고유성을 가지고 계십니다. (경륜적 삼위일체)

거룩한 경륜가운데 스스로 드러내시는 위격의 고유성을 가지고 계십니다.

사벨리우스의 양태론을 경계하고 거부합니다.

삼위일체 하나님의 위격은 혼동되지 않고, 실체가 분리되지 않습니다.

  1) 일하심의 시작이신 아버지께서 아드님 안에서 성령님을 통하여 창조하시는, 창조 사역 위격의 주체성을 가지고 계십니다.

  2) 일하심의 지혜이신 아드님께서 아버지로부터 낳으심을 받으셔서 성령님을 통하여 구속하시는 구속 사역의 위격의 주체성을 가지고 계십니다.

  3) 일하심의 능력과 작용이신 성령님께서 아버지와 아드님으로부터 나오셔서 성화시키시는 성화 사역의 위격의 주체성을 가지고 계십니다.

셋째, 관계성을 가지고 계십니다. (관계적 삼위일체, 내재적 삼위일체)

아버지는 낳으심을 받으시거나 나오시지 않는 영원하시고 자존하신 분입니다.

아드님은 영원 전에 출생하신 영원한 발생이신 분입니다.

성령님은 영원 전에 나오시는 영원한 발출이신 분입니다.

  1) 아버지께서 아드님을 낳으셨습니다.

  2) 아드님께서 아버지로부터 낳으심을 받으셨습니다.

  3) 성령님은 아버지와 아드님으로부터 나오십니다. 이러한 내적 관계와 수평적 관계의 위치에서 가르치시는 내적 질서를 가지고, 계십니다.

넷째, 동등성을 가지고 계십니다.

단일신론인 단성론과 유니테리온 전제주의적인 삼위일체 신론과 가부장적인 삼위일체 신론을 거부합니다.

삼신론과 종속론을 거부합니다.

양자론을 거부합니다.

삼위일체 하나님은 함께 계시고 함께 역사하십니다.

앞서시는 것도 없으시고 뒤서시는 것도 없습니다.

더 크신 위격도 없으시고 더 작으신 위격도 없으십니

다.
   1) 아버지께서는 아드님 안에서 성령님을 통하여 역사하십니다.
   2) 아드님께서는 아버지로부터 낳으심을 받으시고 성령님을 통하여 역사하십니다.
   3) 성령님께서는 아버지와 아드님으로부터 나오셔서 역사하십니다.

※ 삼위일체 하나님의 존재 양식 : 삼위일체 하나님은 영원 전에 존재하셨습니다.

1) 본질의 일치 가운데 사랑의 교제를 나누시며 온전히 하나로 존재하고 계십니다.
2) 본질의 일치 가운데 의지의 교제를 나누시며 온전히 하나로 존재하고 계십니다.
3) 본질의 일치가운데 사랑의 교제를 나누시며 온전히 하나로 존재하고 계십니다.
4) 삼위일체 하나님께서는 "뗄레마"라는 선하시고 자유로우시고 기쁘신 뜻을 가지고 계십니다.

5) 삼위일체 하나님께서 "불레"(의논) 하십니다.

6) 삼위일체 하나님께서는 "프로데시스"(작정) 하십니다.

7) 삼위일체 하나님께서는 "프로오리죠"(예정) 하십니다.

8) 삼위일체 하나님께서는 예정하신 것을 "클레로오"(기업)로 삼으셨습니다.

※ 삼위일체 하나님의 작정

1) 삼위일체 하나님의 영원한 작정의 첫머리는 하나님의 영광과 하나님 나라입니다.

2) 삼위일체 하나님께서는 하나님의 영광과 하나님의 나라를 위하여 인자이신 예수그리스도, 여호와의 종이신 예수 그리스도를 작정하시고 예정하시고 기업으로 삼으셨습니다.

3) 삼위일체 하나님께서는 인자이신 예수 그리스도 안에서 하나님의 자녀들을 작정하시고 예정하시고 기업으로 삼으셨습니다.

4) 삼위일체 하나님께서는 영원 전에 작정하시고 예정하시고 작정의 실행을 위하여 창조와 섭리와 구원과 성취와 완성이라는 거룩한 설계를 영원 전에 단번에 마치셨습니다.

5) 삼위일체 하나님의 거룩한 설계를 실행하시는 분은 예수 그리스도입니다.

※ 기독론

※ 삼위일체 하나님과 예수 그리스도께서는 영원전에 구원 협약인 구속 언약을 맺으셨습니다.

첫째, 삼위일체 하나님께서 예수 그리스도와 맺은 구속 언약은?

  1) 예수 그리스도의 몸을 준비하십니다.

2) 예수 그리스도에게 성령으로 기름을 부으십니다.

3) 예수 그리스도의 사역을 도우십니다.

4) 사망 권세에서 건져내시고 하나님 보좌 우편에 앉아 계시게 하십니다.

5) 교회 설립을 위하여 성령님 보내시는 것을 허락하십니다.

6) 택한 백성을 보존하시고 부르십니다.

7) 수많은 후사들을 예수 그리스도에게 주십니다.

둘째, 예수 그리스도께서 삼위일체 하나님과 맺으신 구속 언약은?

1) 성자 하나님이신 예수 그리스도께서 인간의 혈과 육을 취하시고 참 하나님이시고 참 사람으로 세상에 오시는 것입니다.

2) 고난 받으시는 것입니다.

3) 십자가에 못 박혀 죽으시는 것입니다.

4) 부활하시고 승천하시는 것입니다.

5) 하나님 보좌 우편에 앉으시는 것입니다.

※ 하나님 보좌 우편에 앉아 계시는 예수 그리스도는?

1) 비하와 승귀인 낮아지시고 높아지시고 고난과 영광을 받으신 분
2) 일곱 개의 뿔인 절대적인 권세와 완전한 능력으로 온전하게 승리하시는 분입니다.
3) 일곱 개의 눈인 성령님을 보내시고 성령님을 통하여 복음을 가지시고 하나님 나라를 완성하시는 분입니다.
4) 성자 하나님이신 원상의 그리스도입니다.
5) 역사 위에 항상 존재하시는 항존의 그리스도입니다.
6) 성령님을 보내시고 성령님을 통하여 세상 끝날까지 하나님의 자녀들과 함께하시는 분입니다.

※ 예수 그리스도의 신인 이성 일 인격은?

1) 신성의 고유성과 인성의 고유성을 지니고 계십니다.
2) 인성은 고난 받았지만 신성은 고난 받지 않으십니다.
3) 신성은 인성 안에도 계시지만 인성 밖에도 계십니다.
4) 신성은 삼위일체 하나님과 동등하십니다.
5) 인성은 삼위일체 하나님보다 열등하십니다.

6) 인성은 신인 이성 일 인격을 지니신 자신보다 열등하십니다.

7) 예수 그리스도의 신인 이성 일 인격은 혼합되지 않으며 변화되지 않으며 분리되지 않으며 분단되지 않습니다.

※ 예수 그리스도는?

1) 여호와입니다. 다윗의 후손인 왕으로 오신 분이시며 메시야이시고 구속의 주이시고 교회의 주인이시고 부활의 주이시고 심판의 주이시고 보복의 주이십니다.

2) 보이지 않는 하나님의 형상이시고 하나님의 영광의 광채이시고 본체의 형상입니다.

3) 이러한 본질의 속성을 가지고 계신 예수 그리스도께서는 성부 하나님과 동일한 본질과 동등한 영광을 가지고 계시며 동시 선재하신 "톤 모노 게네스"(유일하고 독특한 아들) 입니다.

4) 영원한 말씀이시고 생명의 말씀입니다.

5) 구약의 선지자들이 여러 가지 부분과 여러 가지 모양으로 말씀하신 분입니다.

6) 세상 끝날인 신약 시대에 인간의 혈과 육을 취하시고 세상에서 고난 받으시고 십자가에 못 박혀 죽으시고 부활하시고 승천하셔서 하나님 보좌 우편에 앉아계신 분입니다.

7) 하나님 보좌 우편에 앉아 계신 예수 그리스도께서는

성부 하나님과 동등한 위치에서 우주의 중심 보좌에 앉아서 통치하시는 분입니다.

8) 하늘과 땅의 모든 권세를 가지고 계신 만 왕의 왕이시고 만 주의 주이십니다.

9) 하나님 나라의 왕이시고 중심이십니다.

10) 교회의 주인이시고 머리입니다.

11) 세상과 역사의 중심이시고 왕이십니다.

12) 신령한 세계인 영적 세계의 중심이시고 주인이시고 왕이십니다.

13) 천국의 열쇠들을 쥐고 계십니다.

14) 사망과 음부의 권세를 다스립니다.

15) 인간의 생사화복을 주장하시는 분입니다.

16) 세상의 모든 흥망성쇠를 다스리는 분입니다.

17) 유일한 입법자입니다.

18) 영원한 재판장입니다.

19) 하늘 성소의 대제사장이시고 유일한 중보자입니다.

20) 재림하셔서 심판하시고 하나님 나라를 완성하시고 완성된 하나님 나라를 하나님께 바쳐 드리시는 분입니다.

21) 세상 끝날까지 하나님의 자녀들과 함께 계시는 분입니다.

※ **성부 하나님**

1. 만세 전에 아버지 안에 아드님과 성령님이 함께 내주하시며 온전히 하나로 이루고 계십니다.
2. 무한하시고 광대하시고 숭고하시시고 엄위로우시고 전능하신 분입니다.
3. 삼위일체 하나님의 대표이시며 모든 것의 근원과 원인이신 분입니다.
   1) 남자와 여자를 동등하게 창조하신 분입니다.
   2) 개인의 인격을 존중하는 족장들의 하나님입니다.
   3) 이스라엘의 하나님이신 공동체의 하나님입니다.
   4) 사랑과 책망으로 다스리는 아버지 하나님입니다.
   5) 예수님의 아버지이신 하나님입니다.
4. 영원한 작정의 사역을 담당하셨습니다.
5. 창조의 사역을 담당하셨습니다.
6. 재창조의 사역을 담당하셨습니다.

7. 보존하시는 사역을 하십니다.

8. 처음 하늘과 처음 땅을 새 하늘과 새 땅으로 갱신하시는 새 창조의 사역을 하십니다.

9. 교회를 새 예루살렘으로 완성하십니다.

10. 예수 그리스도를 주십니다.

11. 성령님을 주십니다.

12. 말씀을 주십니다.

13. 하나님 나라를 유업으로 주십니다.

14. 예수 그리스도의 몸 된 교회를 유업으로 주십니다.

15. 하나님의 자녀들을 예수 그리스도 안에서 작정하시고 예정하셔서 하나님의 기업이 되게 하십니다.

16. 그리스도인을 예수 그리스도 안에서 작정하시고 예정하셔서 예수 그리스도의 기업이 되게 하십니다.

17. 예수 그리스도 안에서 하나님의 자녀가 되게 하십니다.

18. 예수 그리스도 안에서 아버지가 되십니다.

19. 예수 그리스도 안에서 성령님을 통하여 아버지

자신을 상급으로 주십니다.
20. 하나님 영광을 위하여 하늘의 신령한 복인 특별 은총과 땅의 기름진 복인 일반 은총을 주십니다.
21. 바른 예배를 위하여 전인적인 영혼의 기능과 지체의(의의 병기) 기능을 새롭게 하시고 강건하게 하십니다.

※ 성자 하나님

1. 만세 전에 아드님 속에 아버지와 성령님께서 상호 내주하시며 온전히 하나로 존재하십니다.
2. 삼위일체의 제 2위이신 분입니다.
3. 영원한 말씀이시고 생명의 말씀입니다.
4. 성부 하나님과 성령 하나님과 창조와 재창조의 사역에 참여와 담당을 하시며 존재를 부여하셨습니다.
5. 인간의 혈과 육을 취하시고 참 하나님이시고 참 사람으로 세상에 오셨습니다.

1) 여호와입니다.

   2) 그리스도입니다.

   3) 하나님 아들입니다.

   4) 인자입니다.

   5) 중보의 사명을 담당하신 선지자입니다.

6. 세상의 빛입니다.

   1) 구원의 빛입니다.

   2) 생명의 빛입니다.

   3) 일반 은총의 빛입니다.

   4) 특별 은총의 빛입니다.

7. 성부 하나님과 동일한 본질과 동등한 영광과 동시 선재하신 "톤 모노게네스"(유일하고 독특한 아들)입니다.

8. 하나님께 나아가는 진리의 길과 진리의 생명이시며 은혜와 진리가 충만하신 분입니다.

9. 예수 그리스도의 십자가 대속 사역의 은총은 항구적이고 영속적이고 영원하시고 무한하시고 무오하십니다.

10. 하늘 성소의 대제사장이시고 유일한 중보자입니다.

11. 하나님의 자녀들이 예수 그리스도 안에서 작정되고 예정되어 하나님의 기업이 되었습니다.

12. 하나님의 자녀들이 예수 그리스도 안에서 작정되고 예정되어 예수 그리스도의 기업이 되었습니다.

13. 예수 그리스도께서 신성의 편재성과 성령님으로 성령님을 통하여 의를 전가하시고 우리들과 연합하시고 내주하십니다.

14. 그리스도인들의 주인이신 분입니다.

15. 택한 자들을 하나님 나라 백성으로 삼으셨습니다.

16. 택한 자들을 예수 그리스도의 몸 된 교회의 지체로 삼으셨습니다.

17. 성령님을 주십니다.

18. 말씀을 주십니다.

19. 하나의 거룩한 공교회에 속한 바른 지교회를 영적 기업으로 주십니다.

20. "유스 디비눔"(신적 규례, 신적 권위, 하나님의 법)인 바른 교리와 바른 예배와 바른 교회 정치를 주십니다.

21. "렉스 디비나"인 영원한 법이며 신성한 법이신 사랑의 법을 주십니다.
22. 충성스럽고 순결하고 신실한 그리스도인이 되게 하십니다.
23. 예수 그리스도의 삼중직임에 참여시킵니다.
24. 잃어버린 영혼을 찾는 사역에 참여시킵니다.
25. 잃어버린 영혼들을 찾아서 하나님께서 받으실만한 산제물이 되도록 빚어가는 사역에 참여시킵니다.
26. 그리스도인의 생각을 주님의 포도원이 되게 하십니다.
27. 그리스도인의 마음을 주님의 정원으로 삼으십니다.
28. 예수 그리스도의 영인 성령님을 통하여 세상 끝날까지 함께 하십니다.

※ 성령 하나님

1. 만세 전에 성령님 안에 아버지와 아드님께서 상호 내주하시며 온전히 하나로 존재하십니다.
2. 삼위일체 하나님의 제 삼위이신 성령 하나님입니다.
3. 성부 하나님과 성자 하나님과 창조와 재창조 사역에 참여하시고 담당하시며 생명을 부여하십니다.
4. 하나님의 영이시고 예수님의 영입니다.
5. 하나님으로부터 나오시고 예수님으로부터 나오시는 분입니다.
6. 하나님을 영화롭게 하시고 예수님을 영화롭게 하십니다.
7. 삼위일체 하나님의 보증으로 우리 안에 계신 분입니다.
8. 보혜사로 우리 안에 계신 분입니다.
9. 우리 안에 내주하시며 초월적 기도를 드리시는 분입니다.

10. 예배의 경계와 기도의 경계로 올리시고 산 제물로 우리 자신을 하나님께 영적 예배를 드리게 하시는 분입니다.

11. 감동 감화하시고 "세미한 음성을 들려주시고"(파라 클레시스) 말씀으로 가르치시고 인도하시고 보호하시고 능력 주시는 분입니다.

12. 성화의 사역을 담당하시는 분입니다.

13. 성경을 가지시고 우리들의 생각과 마음에 기록하시는 분입니다.

14. 예수 그리스도의 장성한 분량까지 자라게 하시는 분입니다.

15. 삼위일체 하나님과 예수 그리스도의 속성과 성품을 닮아가게 하시는 분입니다.

16. 성령 세례를 베푸시는 분입니다.

17. 성령님을 따라 살게 하시는 분입니다.

18. 성령 충만의 은총가운데 살게 하시는 분입니다.

19. 성령님의 열매를 맺게 하시는 분입니다.

20. 하나님 나라 속에서 살게 하시는 분입니다.

21. 예수 그리스도의 몸 된 교회 안에서 살게 하시는 분입니다.

22. 충성스럽고 순결하고 신실한 그리스도인으로 빚어 가시는 분입니다.

23. 예수 그리스도의 삼중직임에 참여시키시는 분입니다.

24. 잃어버린 영혼들을 찾는 사역에 참여시키시는 분입니다.

25. 하나님께서 받으실만한 사람으로 빚어가는 사역에 참여시키시는 분입니다.

26. 하나님의 성전이 되게 하셔서 거룩의 위치에서 살게 하시는 분입니다. (고전 3:16~17)

27. 성령의 전이 되게 하셔서 하나님의 영광을 위해 살게 하시는 분입니다. (고전 6:19~20)

28. 예수 그리스도께서 재림하실 때 성령님의 능력으로 우리들을 부활시키시는 분입니다.

29. 세상 끝날까지 우리들과 함께 계시는 분입니다.

광야와 같은 인생 여정을 사는 그리스도인은 삼위일

체 하나님의 은혜로 살아갑니다.

> '여호와의 인자와 긍휼이 무궁하시므로 우리가 진멸되지 아니함이니이다' (애 3:22)
> "이것들이 아침마다 새로우니 주의 성실하심이 크시도소이다" (애 3:23)
> "내 심령에 이르기를 여호와는 나의 기업이시니 그러므로 내가 그를 바라리라 하도다" (애 3:24)

성부 하나님의 창조와 재창조 사역의 무궁하심과 성자 하나님이신 예수 그리스도의 구속 사역의 무궁하심과 성령 하나님의 성화 사역의 무궁하심으로 우리가 끊어지지 않습니다.

광야와 같은 인생길을 사는 우리들에게 오늘도 삼위일체 하나님의 은총이 임하기를 소원합니다.

삼위일체 하나님께서는 언약의 말씀을 신실하게 이행하시는 분입니다.

삼위일체 하나님은 예수 그리스도 안에서 성령님을 통하여 하나님의 자녀들에게 상급으로 자신을 주십니다.

그리스도인은 날마다 삼위일체 하나님과 예수 그리스도만 소망하며 살아갑니다.

그러므로 삼위일체 하나님과 예수 그리스도만을 만족의 전부와 가치의 전부와 목표의 전부로 삼는 우리 모두가 되기를 바랍니다.

주기도문 강해
2

첫째 간구의 말씀 (마 6:9)

"그러므로 너희는 이렇게 기도하라 하늘에 계신 우리 아버지여 이름이 거룩히 여김을 받으시오며"
(개역개정판)

"그러므로 너희는 이렇게 기도하라 그 하늘들안에 계신 우리 아버지여 당신의 그 이름은 거룩하시옵 소서" (원문직역)

하나님의 이름이 세상에서 구별되어 높여지게 되기를 원하는 기도입니다.
하나님의 이름은 하나님의 성호와 하나님의 속성과 하나님의 사역과 하나님의 말씀입니다.

1. 하나님의 성호

1) "엘, 엘로힘"(가장 크시고 가장 강하시고 가장 힘이 있으신 분)

창조하시고 섭리하시고 구원하시고 심판하시는 분, 천지만물을 창조하시고 세상과 역사의 주인이신 분, 자연 신교에 근거한 모든 다신교와 범신론을 심판하시는 하나님 (창 1:1)

2) "아도나이"(여호와, 주)

천지의 대주재로 영원히 존재하시며 스스로 낮아지셔서 당신의 나라와 당신의 교회와 당신의 백성들과 거룩한 언약을 맺으시고 그 맺으신 언약을 이루시기 위하여 은혜를 베풀어 주시는 하나님 (창 15:9~21)

3) "엘 엘룐"(지극히 높으신 하나님)

천지의 대주재로 영원히 존재하시며 모든 만물에 대하여 공의로 심판하시는 하나님 (창 14:19~20)

4) "아도나이 마켄"(방패이신 하나님)

그 언약을 이루시기 위한 방패이신 하나님 (창 15:1)

5) "엘 샤다이"(전능하신 하나님)

천지의 대주재로 영원히 존재하시며 당신의 나라와 당신

의 교회와 당신의 백성과 거룩한 언약을 맺으시고 그 거룩한 언약을 이루시기 위하여 이 세상에 있는 모든 것을 가지시고 역사하시는 하나님 (창 17:1)

6) "엘 올람"(영생하시는 하나님)

그 거룩한 언약을 이루시기 위하여 베풀어 주시는 은혜가 영원하신 하나님 (창 21:33)

7) "아도나이 이르에"(지켜보시는 하나님)

그 거룩한 언약을 이루시기 위하여 당신의 백성들을 지켜보시고 필요한 모든 것들을 준비하시는 하나님 (창 22:14)

8) "엘 로이"(감찰하시는 하나님)

천지의 대 주재로 모든 만물을 지켜보시는 하나님 (창 16:13)

9) "예흐예 아쉐르 예흐예"(스스로 존재하시는 하나님)

스스로 존재하시는 영원성과 자존성이신 하나님 (출 3:13~14)

10) "아도나이 로프에카"(치료하시는 하나님)
그 거룩한 언약을 이루시기 위하여 치료(라파) 하시는 하나님 (출 15:26)

11) "아도나이 닛시"(여호와는 나의 깃발)

그 거룩한 언약을 이루시기 위하여 승리하게 하시는 하나님 (출 17:15)

12) "아도나이 카도쉬"(거룩하신 하나님)

그 언약을 이루시기 위하여 거룩하게 하시는 하나님 (출 15:11, 레 11:45)

13) "엘 칸나"(질투하시는 하나님)

모든 것 다해 사랑하시는 하나님 (신 4:24)

14) "아도나이 샬롬"(평강의 하나님)

그 거룩한 언약을 이루시기 위하여 평강을 주시는 하나님 (삿 6:24)

15) "아도나이 샤파트"(심판하시는 하나님)

그 거룩한 언약을 이루시기 위하여 심판하시는 하나님

16) "엘 데오트"(지식의 하나님)

모든 것을 알고 계시는 하나님 (삼상 2:3)

17) "아도나이 메추다티"(여호와는 나의 산성)

그 언약을 이루시기 위한 산성(메추다)이신 하나님 (삼하 22:2상)

18) "아도나이 케렌 이쉐이"(여호와는 나의 구원의 뿔)

그 언약을 이루시기 위한 구원(예솨)의 뿔(케렌)이신 하나님 (삼하 22:3중)

19) "아도나이 미스갑비"(여호와는 나의 높은 망대, 요새)

그 언약을 이루시기 위한 높은 망대, 요새(미스갑)이신 하나님(삼하 22:3중)

20) "아도나이 메누시"(여호와는 나의 피난처)

그 언약을 이루시기 위한 파난처(메누사)이신 하나님 (삼하 22:3중)

21) "아도나이 추리"(나의 반석이신 하나님)

그 언약을 이루시기 위한 반석(추르)이신 하나님 (시 19:14)

22) "아도나이 로이"(목자이신 하나님)

그 거룩한 언약을 이루시기 위하여 목자 되신 하나님 (시 23:1)

23) "아도나이 멜레크"(우리의 왕이신 하나님)

그 거룩한 언약을 이루시기 위하여 왕이 되시는 하나님 (시 47:6~7)

24) "아도나이 체바오트"(만군의 주)

천지의 대주재로 영원히 존재하시며 천군 천사의 호의를 받으시는 만왕의 왕이시고 만군의 주이신 하나님 (사 1:9)

25) "아도나이 나카야"(인도하시는 하나님)

그 거룩한 언약을 이루시기 위하여 광야에서 당신의 백성을 인도하시는 하나님 (사 58:11)

26) "아도니이 체드케누"(의롭다고 여겨주시는 하나님)
그 거룩한 언약을 이루시기 위하여 당신의 백성들을 의롭다고 여겨주시는 하나님 (렘 23:5~6)

27) "아도나이 막케"(때리시는 하나님)

그 거룩한 언약을 이루시기 위하여 징계하시는 하나님 (겔 7:9)

28) "아도나이 사타르"(숨기시는 하나님)

그 거룩한 언약을 이루시기 위하여 숨으셔서 역사하시는 하나님 (겔 39:24)

29) "아도나이 게물로트"(보복하시는 하나님)

그 거룩한 언약을 이루시기 위하여 징계의 도구를 꺾으시는 보복하시는 하나님 (렘 51:56)

30) "아도나이 샴마"(거기 거하시는 하나님)

그 거룩한 언약을 이루시기 위하여 당신의 몸 된 교회에 거하시는 하나님 (겔 48:35)

31) "임마누엘"(우리와 함께 하시는 하나님)

우리와 동행하시는 하나님 (마 1:23)

32) "압바 호 파테르"(아빠는 그 아버지)

그리스도인들의 아빠와 아버지이신 하나님 (롬 8:15, 갈 4:6)

2. 하나님의 속성

1) 단일성 (출 3:14, 신 6:4)

2) 무한성 (단 2:20)

3) 영원성 (시 90:2)

4) 불변성 (말 3:6)

5) 초월성 (롬 11:33~34)

6) 절대성 (롬 3:14)

7) 완전성 (욥 11:7~8)

8) 불변성 (약 1:17)

9) 무오성 (롬 11:33~34)

10) 편재성 (시 139:7~10)

11) 전지성 (요 21:17)

12) 전능성 (계 4:8)

13) 자충족성 (시 115:3, 출 3:14)

14) 불가해성 (시 145:3)

15) 거룩하심 (시 23:3)

16) 성결하심 (욥 4:17)

17) 의로우심 (시 89:14)

18) 선하심 (시 86:5)

19) 은혜 (느 9:17)

20) 사랑 (고전 13:13)

21) 자비 (눅 6:36)

22) 긍휼 (엡 2:4~5)

3. 하나님의 사역

1) 성부 하나님의 창조 사역 (창 1:1, 요 1:1~3)

2) 성자 하나님의 구속 사역 (행 1:3)

3) 성령 하나님의 성화 사역 (요 14:16~17)

4. 하나님의 말씀

1) "후카"(율례, 규례)

의식법과 시민법과 도덕법을 포괄하는 하나님의 말씀
(출 24:3)

2) "체다카"(의)

바르고 정당한 말씀 (욥 29:14상, 잠 8:20상, 사 1:21상)

3) "미쉬파트"(공의)

공평한 말씀 (욥 29:14하, 잠 8:20하, 사 1:21하)

4) "에메트"(진리, 진실)

진리와 진실의 말씀 (시 25:5)

5) "에무나"(성실)

언약을 신실하게 이행하는 말씀(시 37:3)

예수님께서 가르치시는 첫 번째 기도는 하나님의 이름을 세상에서 구별되게 높이는 기도입니다.

하나님의 자녀는 하나님의 이름을 세상에서 구별되게 높이는 사람입니다.

주기도문 강해
3

둘째 간구의 말씀 (마 6:10상)

"나라가 임하시오며" (개역개정판)

"당신(주)의 그 나라는 임하시옵소서" (원문직역)

"당신의 그 나라"(헤 바실레이아 수)는 왕이신 하나님께서 다스리는 나라인 "멜레크 말라크"이고, 예수 그리스도께서 다스리는 나라인 "이에수스 바실레이아" 입니다.

1. 하나님의 나라

1) 의의 나라(체다카 말라크)

"하나님께서 의로 다스리는 나라" 입니다. (시 72:1~2)

2) 평강의 나라(샬롬 말라크)

"하나님께서 평강으로 다스리는 나라" 입니다. (시 72:3)

3) 은혜의 나라(헨, 하난 말라크)

"하나님께서 은혜로 다스리는 나라" 입니다. (시 72:6)

4) 경외하는 나라(야레 말라크)

"하나님을 경외하고 두려워하는 나라" 입니다. (시 72:5)

5) 확장의 나라(라브, 라하크 말라크)

"하나님께서 확장시키는 나라" 입니다. (시 72:8~10)

6) 승리의 나라(닛시 말라크)

"하나님께서 승리하시는 나라" 입니다. (출 17:15)

7) 영원한 나라(올람 말라크)

"땅과 하늘에 걸쳐있는 거룩하고 영광스러운 나라" 입니다. (단 7:27)

8) 영광의 나라(카보드 말라크)

"하나님을 영화롭게 하는 나라" 입니다. (시 91:15, 말 2:2)

9) 성령님으로 다스리는 나라(카다쉬 루아흐)

"성부와 성자께서 성령님을 통하여 다스리는 나라"입니다. (시 51:11, 행 7:51)

10) 말씀의 나라(다바르 말라크)

"하나님께서 말씀으로 다스리는 나라" 입니다. (시 99:7)

11) 기쁨과 즐거움의 나라(라차, 쌈마흐 말라크)

"삼위일체 하나님과 예수 그리스도로 인하여 기뻐하고 즐거워하는 나라" 입니다. (시 9:2)

12) 성숙과 번영의 나라(찰라흐 말라크)

"삼위일체 하나님과 예수 그리스도의 속성과 성품을 닮아가며 번영하는 나라" 입니다. (단 6:28)

13) 말씀의 나라

"하나님께서 말씀으로 다스리는 나라" 입니다. (마 13:1~23)

14) 바른 교리의 나라

"하나님께서 바른 교훈(가르침)으로 다스리는 나라" 입니다. (마 13:24~30)

15) 확장되고 장성하는 나라

"하나님께서 말씀으로 확장시키고 장성시키는 나라" 입니다. (마 13:31~32)

16) 변화되는 나라

"하나님께서 말씀으로 변화시키는 나라" 입니다. (마 13:33)

17) 말씀의 절대 가치의 나라
"하나님 말씀을 가장 소중하고 가치 있게 여기는 나라" 입니다. (마 13:44~46)

18) 하나님께서 받으시는 산제물의 나라

"하나님께서 말씀으로 빚으셔서 하나님께서 받으실만한 사람으로 만드시는 나라" 입니다. (마 13:47~50)

- 사랑의 사람(아하브)
- 거룩한 사람(코데쉬)
- 착한 사람(야타브)
- 경외하는 사람(야레)

- 올곧은 사람(야샤르)
- 성결한 사람(톰)
- 의로운 사람(짜디크)으로 일평생 빚어가는 나라입니다.

2. 하나님께서는 영원한 작정의 첫머리인 하나님 영광과 하나님 나라를 위해 그리스도인들게 하나님 나라를 기업(나할라)으로 주십니다.

3. 하나님 나라를 기업으로 주시는 하나님께서는 그리스도인들이 하나님 나라를 드러내고 확장하게 하시기 위해 신령한 영적 재산인 "아홉자"를 주십니다.

1) 지혜와 계시의 정신(하캄, 소피아, 누스) (잠 1:5, 고전 1:30, 고전 14:19)

2) 완전한 마음(샬렘) (왕상 15:3)

3) 평강(샬롬) (민 6:26)

4) 잠잠해짐(쇠카트) (삿 5:31)

5) 쉼, 고요함(누아흐) (슥 6:8)

6) 기쁨과 즐거움(라차, 쌈마흐) (창 33:10, 사 39:2)

7) 사랑(아하브) (출 20:6)

8) 거룩함(코데쉬) (출 28:36)

9) 착함(야타브) (수 22:33)

10) 경외함(야레) (잠 19:23)

11) 올곧음(야샤르) (욥 1:1)

12) 교리적 성결과 도덕적 성결(톰) (욥 1:1)

13) 의(체다카) (시 33:5)

14) 전인적 지식(호크마) (잠 1:2)

15) 경건의 훈련(무사르) (잠 1:2)

16) 신중함(메짐마) (잠 5:2)

17) 진리(알레데이아) (요 14:6)

18) 맑은 정신(네포) (벧전 5:8상)

19) 건강한 지혜 (소프론) (딤전 4:2)

20) 진리의 파수꾼(차파, 초핌) (겔 3:17, 렘 6:7)

21) 깨어 경성함(그레고레오) (벧전 5:8)

22) 굳게 지킴(테레오) (요 15:10)

23) 지혜(빈, 비나, 테부나, 싸칼, 소피아, 누스) (잠 24:3)

24) 지식(다트) (잠 24:4)

25) 여호와께서 목자 되심 (시 23:1~6)

26) 복 있는 자(올곧은 자) (시 1:1~6)

27) 하나님 나라의 성품 (마 5:3~10)

28) 사랑의 은사 (고전13:4~7)

29) 성령의 열매 (갈 5:22~23)

30) 참지식과 거룩함과 의로움 (골 3:10, 엡 5:9)

31) 모든 착함과 의로움과 진실함 (엡 5:9)

32) 의와 평강과 희락 (롬 14:17)

하나님께서는 그리스도인들에게 하나님 나라를 기업(나할라)으로 주시고 하나님 나라를 드러내고 확장시키기 위해서 하나님 나라의 영적 재산인 "아훗자"를 은총으로 주십니다.

그리스도인은 교회와 가정과 직장과 삶의 모든 영역에서 하나님 나라를 드러내고 확장하는 사람입니다.

주기도문 강해 4

셋째, 간구의 말씀 (마 6:10하)

"뜻이 하늘에서 이루어진 것 같이 땅에서도 이루어지이다" (마 6:10하)

"당신의 그 뜻이 하늘 안에서처럼 또한 그 땅 위에서도 이루어지옵소서" (원문직역)

하나님께서는 하나님 영광과 하나님 나라를 위해 작정하시고 예정하셨습니다.
작정의 실행을 위하여 창조하시고 섭리하시고 구원하시고 성취하시고 완성하시는 거룩한 설계를 영원 전에 마치셨습니다.

영원 전에 결정된 하나님의 뜻은?

첫째, "선하시고 자유로우시고 기쁘신 뜻(뗄레마)" 입니다.

둘째, "영원한 작정(프로데시스)" 입니다.

셋째, "거룩한 사역" 입니다.
  1) 성부 하나님의 창조 사역
  2) 성자 하나님의 구속 사역
  3) 성령 하나님의 성화 사역

넷째, "인생의 본분"의 절대 명제입니다.
"하나님을 영화롭게 하고 하나님만을 영원토록 온전히 즐거워하는 것" 입니다.

다섯째, 잃어버린 영혼들을 찾는 것입니다.

여섯째, 하나님께서 받으실만한 산 제물로 빚어 가시는 사역에 참여되는 것입니다.

일곱째, 삼위일체 하나님 안에서 사는 것입니다.

여덟째, 예수 그리스도의 몸 된 교회의 지체되는 것입니다.

아홉째, 복음적 삶을 사는 것입니다.
  1) 삼위일체 하나님과 예수 그리스도를 아는 거룩한 지식으로 거룩한 사귐과 거룩한 다스림에 참여되는 것입니다.
  2) 예수 그리스도의 대속 사역으로 죄 문제가 근본적으로 해결되었음을 믿고 죄 죽이기와 죄 끊어내기와 죄 가운데 살지 않고 죄와 싸우되 피 흘리기까지 싸우는 삶입니다.
  3) 그리스도인의 해방론적 측면의 자유의 은총과 특권론적 측면의 자유의 은총과 아디아포라 은총(양심이 자유) 안에서 사는 것입니다.
  4) 기쁨과 즐거움으로 하나님 말씀에 순종하는 삶입니다.
  5) 자원하는 마음으로 헌신과 섬김의 삶을 사는 것입니다.
  6) 하나님의 영원한 작정의 첫 머리인 하나님의 영광을 위해 사는 삶입니다.
  7) 하나님 나라를 삶의 모든 영역에서 드러내는 삶입니다.
  8) 예수 그리스도의 몸 된 교회를 받들어 섬기고 세워나

가는 삶입니다.

9) "유스 디비눔"(바른 교리, 바른 예배, 바른 교회법)을 따라 사는 삶입니다.

10) "렉스 디비나"(영원한 법, 신성한 법, 사랑의 법)을 따라 사는 삶입니다.

11) 잃어버린 영혼들을 찾는 삶입니다.

12) 하나님께서 받으실만한 산 제물로 빚어 가시는 거룩한 사역에 참여되고 헌신되는 삶입니다.

13) 성령님을 따라 사는 삶입니다.

14) 말씀을 따라 사는 삶입니다.

15) 하나님을 사랑하고 이웃을 내 몸처럼 사랑하는 삶입니다.

16) 거룩의 위치에서 사는 삶입니다.

17) 지혜로운 위치에서 사는 삶입니다.

18) 고아와 과부와 나그네와 같은 사회적 약자들을 돌보는 삶입니다.

19) 삼위일체 하나님과 예수 그리스도로 인해 기뻐하고 즐거워하는 삶입니다.

20) 복을 받고 누리고 나누어주는 삶입니다.

21) 용서하는 삶입니다.

22) "아가페"의 사랑을 본받아 사는 삶입니다.

23) 섬기는 삶입니다

열 번째, 항상 기뻐하고 쉬지 말고 기도하고 범사에 감사하는 것입니다.

열한 번째, 하나님 형상인 참 지식과 거룩함과 의로움으로 회복되는 것입니다.

열두 번째, 모든 착함과 의로움과 진실함으로 사는 것입니다.

하나님의 뜻에 참여되고 하나님의 뜻을 이루기 위해서는?

첫째, 부모와 처자와 형제와 자매와 내 목숨보다 하나님을 더 사랑해야 합니다. (눅 14:26)

둘째, 날마다 내 자신을 쳐 복종시키고 내 자신의 십자가인 말씀에 순종하는 십자가와 주신 사명의 십자가를 지고 예수 그리스도의 뒤를 따라야 합니다. (눅 14:27)

셋째, 예수 그리스도 안에서 내 자신을 하나님께 드리고 내 소유권과 경제권을 다 드려야 합니다. (눅 14:33)

그리스도인은 예수 그리스도 안에서 성령님을 통하여 하나님께서 베풀어 주시는 은혜로 하나님의 뜻을 이루는 사람입니다.

그러므로 예수 그리스도 안에서 성령님의 통하여 삼위일체 하나님의 뜻을 이루는 우리 모두가 되기를 바랍니다.

주기도문 강해
5

넷째, 간구의 말씀 (마 6:11)

"오늘 우리에게 일용할 양식을 주시옵고" (개역개정판)
"당신께서는 그 알맞은(날마다) 우리의 그 양식을 오늘

우리에게 주옵소서" (원문직역)

날마다 필요한 일용할 양식을 구하라는 말씀입니다. 일용할 양식이란? 우리의 영혼과 육체에 필요한 모든 것을 대표하는 말씀입니다.

일용할 양식을 위한 기도는?

첫째, 하나님의 이름과 하나님의 나라와 하나님의 뜻을 이루기 위해 살아가는 하나님의 자녀들이 드리는 기도입니다.

둘째, 일용한 양식은 하늘에서 내리는 신령한 은혜인 특별 은총과 땅의 기름진 복인 일반 은총을 표상합니다. 일반 은총과 특별 은총은 구분할 수 있지만 분리되어서는 안 됩니다.

셋째, 일반 은총을 간구해야 합니다. 일반 은총은 우리의 몸에 필요한 모든 것을 포괄합니다.

넷째, 특별 은총을 간구해야 합니다. 특별 은총은 우리의 영혼에 필요한 모든 것인 전인적인 영혼의 기능과 지체의 기능을 포괄합니다.

하나님 자녀들은 이스라엘 백성들이 40년 광야 생활에서 날마다 주시는 만나로 살아가듯이 날마다 주시는 영적 양식인 말씀과 육적 양식으로 살아가는 사람입니다.

그리스도인들을 먹이시고 입히시고 보존하시는 분은 우리들의 아버지 되시는 하나님입니다.

하나님 아버지의 부성적 사랑을 믿고 하나님의 이름과 하나님의 나라와 하나님의 뜻을 이루는 우리 모두가 되기를 기도합니다.

"그러므로 염려하여 이르기를 무엇을 먹을까 무엇을 마실까 무엇을 입을까 하지 말라" (마 6:31)

"이는 다 이방인들이 구하는 것이라 너희 하늘 아버지께서 이 모든 것이 너희에게 있어야 할 줄을 아시느니라" (마 6:32)

"그런즉 너희는 먼저 그의 나라와 그의 의를 구하라 그리하면 이 모든 것을 너희에게 더하시리라" (마 6:33)

주기도문 강해
6

다섯째, 간구의 말씀 (마 6:12)

"우리가 우리에게 죄 지은 자를 사하여 준 것 같이 우리 죄를 사하여 주시옵고" (개역개정판)

"그리고 당신께서는 우리에게 그 빚진 자들을 우리가 용서한 것처럼 우리의 그 빚짐들을 용서해 주옵소서" (원문 직역)

다섯째 간구는 죄에 대한 용서의 말씀입니다.

첫째, 그리스도인은 모두 "죄"(하마르티아)에 "채무, 빚"(오페일레마)인 예수 그리스도의 십자가 대속 사역의 은총의 빚을 지고 있는 사람입니다.

둘째, 그리스도인은 예수 그리스도의 대속 사역으로 용서받았으므로 다른 사람들의 죄를 용서하며 십자가 대속 사역의 은총을 드러내는 사람입니다.

셋째, 그리스도인은 다른 사람들의 죄를 용서하며 계속해서 자신의 죄도 용서받는 사람입니다.

넷째, 그리스도인은 예수 그리스도의 대속 사역으로 하나님과 화목하고 이웃과 화목하고 자신과 화목하고 모든 만물들과 화목한 사람입니다.

다섯째, 그리스도인은 하나님 앞에 갚을 수 없는 "채무, 빚"(오페일레마)을 진자이므로 하나님 앞에서 복음에 빚진 자로 사는 사람입니다.

"헬라인이나 야만인이나 지혜 있는 자나 어리석은 자에게 다 내가 빚진 자라"(롬 1:14)
"그러므로 나는 할 수 있는 대로 로마에 있는 너희에게도 복음 전하기를 원하노라"(롬 1:15)

여섯째, 하나님 앞에서 무익한 종으로 사는 사람입니다.

"이와 같이 너희도 명령받은 것을 다 행한 후에 이르기를 우리는 무익한 종이라 우리가 하여야 할 일을 한 것뿐이라 할지니라"(눅 17:10)

그리스도인은 어떠한 헌신과 섬김의 삶을 살았다 할지라도 예수 그리스도의 십자가 대속 사역의 채무관계를 해결할 수 없는 무익한 종입니다.

그리스도인은 예수 그리스도의 십자가 보혈로 용서받은 죄인이므로 다른 사람의 죄를 용서하고 화목의 은총과 복음에 빚을 진 사람의 위치에서 모든 사람들에게 복음을 전파하며 자신의 의를 드러내지 않고 예수 그리스도의 의를 드러내는 무익한 종의 위치에서 살아가는 사람입니다.

그리스도인은 예수 그리스도의 보혈의 은총과 성령

님과 말씀과 은혜로 하나님과 화목하고 이웃과 화목하고 자신과 화목하고 만물과 화목한 사람입니다.

그러므로 용서의 위치와 화목의 은총과 복음에 빚진 자의 위치인 복음 전파의 위치와 예수 그리스도의 의만을 드러내는 무익한 종의 위치에서 살아가며 하나님을 영화롭게 하는 우리 모두가 되기를 바랍니다.

주기도문 강해
7

여섯째 간구의 말씀 (마 6:13상)

"우리를 시험에 들게 하지 마시옵고 다만 악에서 구하시옵소서" (개역개정판)

"그리고 당신께서는 우리를 시험 안으로 끌리게 하지 마옵시고 오직 당신께서는 우리를 그 악에게서 건져내시옵소서" (원문직역)

여섯째 간구는 시험에 들지 않고 그 악에게서 구해주옵소서 라는 말씀입니다.

그리스도인이 받는 시험과 그 악은?
"자라"(낯선 여인) 즉 율법의 낯선 여인과 같은 것들입니다.

첫째, 육체의 소욕입니다.

둘째, 죄의 부패성과 오염성입니다.

셋째, 오만한 자아입니다.

넷째, 악하고 음란한 습성입니다.

다섯째, 사상적 타락의 습성입니다.

여섯째, 사단입니다.

그리스도인이 시험에 들지 않고 그 못된 사단으로부터 건짐 받기 위해서는?

첫째, 날마다 죄죽이기를 해야 합니다.

둘째, 날마다 죄 끊어내기를 해야 합니다.

셋째, 날마다 죄 가운데 살지 말아야 합니다.

넷째, 날마다 죄와 싸우되 피 흘리기까지 싸워야 합니다.

다섯째, 날마다 사단을 대적해야 합니다.

여섯째, 날마다 영 살리기를 해야 합니다.

일곱째, 날마다 성령님을 따라 살아야 합니다.

여덟째, 날마다 말씀을 따라 살아야 합니다.

아홉째, 날마다 하나님 나라 속에서 살아야 합니다.

열 번째, 날마다 예수 그리스도의 몸 된 교회의 지체의 위치에서 살아야 합니다.

열한 번째, 날마다 하나님의 전신갑주를 입고 사단과 영적 전쟁을 치러야 합니다.

열두 번째, 날마다 나실인의 삶을 살아야 합니다.

그리스도인은 예수 그리스도안에서 성령님의 능력으로 영적 전쟁을 치루며 승리하는 사람입니다.

그리스도인이 예수 그리스도 안에서 성령님의 능력으로 영적 전쟁을 치루며 승리하는 사람이 되어야 하는 이유는 인생의 본분인 하나님을 영화롭게 하고 영원토록 하나님으로 인하여 기뻐하고 즐거워해야 하기 때문입니다.

그러므로 날마다 치루는 영적 전쟁에서 승리하며 하나님의 이름을 높이며 하나님의 나라를 드러내고 확장하며 하나님의 뜻을 이루는 우리 모두가 되기를 소원합니다.

주기도문 강해
8

두 번째 송영인 마지막 송영의 말씀입니다. (마 6:13하)

"(나라와 권세와 영광이 아버지께 영원히 있사옵나이다 아멘)" (개역개정판)

"그 까닭은 그 나라와 그 권세와 그 영광이 영원토록 당신의 것입니다 아멘" (원문직역)

"호티"라는 종속 접속사(대저, 대개, 왜냐하면, 그 까닭은)는?

첫째, "주님의 것이 무엇이냐" 하면
즉 하나님의 속성이 무엇인가 라는 것입니다.
하나님의 속성인 나라와 권능과 영광이 하나님께만 속해 있다는 말씀입니다.

둘째, "간구의 이유가 무엇인가" 라는 것입니다.
그리스도인이 시험에 들지 않고 그 못된 사단에게서 건짐을 받아야 하는 이유는 무엇인가 라는 것입니다.
그리스도인은 하나님 나라에 소속되어 있고 하나님

의 허락하심이 없으면 어떤 일도 일어날 수 없는 하나님의 권세 아래에 있으며 하나님의 영광을 위해 존재하고 있다는 것입니다.

그리스도인은 하나님 나라 시민이고 하나님의 권세 아래에 있고 하나님의 영광을 위해 존재하고 있으므로 시험으로부터 그리고 그 못된 사단으로부터 건짐 받아야 한다는 말씀입니다.

그러므로 하나님 나라 속에서 하나님의 권세 아래에서 하나님의 영광을 위해 존재하며 날마다 치루는 영적 전쟁에서 승리하며 하나님의 이름을 세상과 구별되게 높이고 하나님 나라를 드러내고 확장하며 우리들의 뜻이 아닌 하나님의 뜻을 이루기 위해서 사는 우리 모두가 되기를 바랍니다.

원어해설 주기도문 강해

1판 인쇄일 2024년 8월 20일
1쇄 발행일 2024년 8월 28일

지은이 _ 김상수
펴낸이 _ 한치호
펴낸곳 _ 종려가지
등록 _ 제311-2014-000013호.(2014. 3. 20)
주소 _ 서울특별시 은평구 은평로 14길, 9-5
　　　전화 02. 359. 9657
디자인 _ 표지 이순옥 / 본문 구본일
제작대행 _ 세줄기획/ 전화 02. 2265. 3749
영업(총판) _ 일오삼/ 전화 02. 964. 6993,
　　　　　　　　　　 팩스 02. 2208. 0153

값 9,000 원

ISBN 979-11-90968-88-1

ⓒ 2024, 김상수

잘못 만들어진 책은 구입하신 서점에서 바꾸어 드립니다.
책의 주문 및 영업에 대한 문의는 영업대행으로 해주십시오
문서사역에 대한 질문은 010. 3738. 5307로 해주십시오.

* 저자 연락처 010-4586-9892